DU PROGRÈS EN TUNISIE

PAR

O. NOEL & V. DE GIRARD DE CHARBONNIÈRE

PARIS
CHEZ TOUS LES LIBRAIRES

1867

Couvertures supérieure et inférieure manquantes

DU

PROGRÈS

EN TUNISIE

De tous les États qui composent le sol africain, la Régence de Tunis est certainement celui qui, par son gouvernement sage, ses mœurs civilisatrices et son importance commerciale, est appelé à régénérer cette contrée qui fut le berceau de tant d'États puissants et vit s'étioler tant de cités florissantes. Héritière du génie de Carthage, Tunis a continué glorieusement son œuvre, et certes, aujourd'hui, elle peut rivaliser avec les grandes nations européennes par son commerce, son industrie et ses produits agricoles.

Depuis soixante ans surtout, sous l'impulsion bienveillante de ses souverains, elle a mis en activité tous les ressorts de son intelligence et ne laisse rien à désirer à l'heure qu'il est dans la fabrication des objets industriels et des instruments de culture. Cette partie si intéressante et si importante dans le gouvernement d'un État a été l'objet des plus tendres sollicitudes de la part du souverain qui règne sur cette contrée, et des emprunts habilement ménagés lui ont permis de donner aux idées civilisatrices de son royaume un essor nouveau, et qui portera des fruits dans l'avenir. Rivale des grandes cités européennes, Tunis peut offrir à l'admiration du voyageur qui la visite, la majesté et la richesse de ses monuments. On dirait que, sortant de ses ruines, l'esprit de Carthage a soufflé sur ses débris, et qu'une nouvelle Didon lui a rendu cette antique splendeur qui embrasait l'univers.

Ses habitants, imitant les vertus de leurs pères, travaillent chaque jour à augmenter ses richesses et sa puissance. Dirigés par un chef habile, ami de son royaume, ils ont vu s'élever des chantiers importants où se construisent des navires immenses, chargés d'aller répandre chaque jour dans les nations de l'Occident les trésors de leur industrie. De vastes magasins ont été bâtis et renferment dans leur sein d'abondantes moissons qui servent à alimenter le pays ; des phares majestueux sont sortis du néant et annoncent aux matelots perdus sur la mer qu'ils trouveront là un refuge contre l'orage et l'hospitalité patriarcale de l'Orient.

La Tunisie renferme dans son sein de riches mines d'argent, de cuivre, de plomb, de mercure et de sel. Des travaux habilement exécutés permettent d'exploiter ces trésors dont la nature semble avoir comblé cette belle contrée, et c'est là une des branches commerciales les plus importantes de Tunis, qui vient échanger ces richesses contre les produits industriels de l'Afrique et de l'Europe. Elle possède en outre un grand nombre de sources minérales et thermales, qui attirent de nombreux étrangers et font de Tunis le centre d'une population élégante et riche, qui vient demander la santé aux sources d'eau chaude et apporte en échange son or et le raffinement de la civilisation.

L'agriculture a pris aussi d'immenses accroissements depuis quelques années. Des terres autrefois incultes sont couvertes de blondes moissons. sur les plaines qui bordent la mer, paissent de nombreux troupeaux de bœufs robustes et de moutons dont l'épaisse toison forme les riches tapis si recherchés dans nos pays. Mais parmi les animaux dont la régence de Tunis peut à juste titre être fière, est le cheval. Légèreté, souplesse, force, vigueur, intelligence, tout se trouve dans ce fier animal et en forme, pour ainsi dire, un type à part.

Ami du progrès, le bey de Tunis n'a pas voulu rester en arrière des autres nations.

Dans le concours universel où toutes les parties du monde ont lutté de génie et de persévérance, cet auguste souverain a su acquérir à son pays une des premières places à l'Exposition universelle.

Dans ce jardin délicieux, nouvel Éden où l'industrie humaine semble s'être plue à accumuler les richesses du monde entier, s'élève, au milieu de tentes et de demeures coquettes, un pavillon gracieux, aux formes élégantes, décoré des vives couleurs de l'arc-en-ciel. Le croissant le domine : un écusson doré, aux armes de Tunis, supporte une bandelette à fils d'or, qui surmonte le frontispice et annonce aux admirateurs du beau qu'ils ont là devant les yeux l'un des nombreux chefs-d'œuvre de l'architecture tunisienne. Nous arrêtons là nos regards éblouis de tant de richesse et de grâce. Le palais a la forme carrée des constructions orientales : sur le toit, un peu en arrière de la façade principale, s'élèvent à droite et à gauche deux belvédères, minarets en miniature, qui donnent à l'édifice un aspect gracieux. Sur chacune de ces ailes est planté un drapeau tunisien dont les plis onduleux flottent dans les airs. Tout autour du pavillon, à la hauteur de l'écusson, une bordure multicolore laisse apercevoir des découpures à jour, des ciselures artistiques, où la sculpture et le dessin se montrent sous mille formes gracieuses et présentent des mosaïques élégantes, où le ciseau de l'artiste a laissé des traces évidentes d'un talent merveilleux et d'une imagination ardente.

Un escalier grandiose, bordé de chaque côté de trois sphynx admirablement taillés, conduit à une véranda, où s'ouvrent les appartements, et qui offre aux nombreux visiteurs de ce charmant séjour des canapés douillets et soyeux. Les parois extérieures de l'habitation sont recouvertes de carreaux en terre cuite, finement coloriés et dont l'effet est des plus merveilleux. C'est là encore un des produits spéciaux de Tunis, qui en approvisionne l'Algérie entière, où ils remplacent le papier des habitations européennes, et donnent aux appartements une douce fraîcheur.

Bientôt nous pénétrons dans le sanctuaire. C'est là que le spectacle doit s'offrir à nos yeux avec toute la grandeur, la majesté et l'étonnante beauté du luxe oriental. Au centre du pavillon, et vis-à-vis du grand escalier, un bassin circulaire laisse échapper d'un jet continu une eau pure et cristalline, dont les gouttes argentées, retombant en gerbes, font entendre un murmure mélodieux. Tout porte au sentiment, aux doux pensers, en Orient Autour de ce bassin, des palmiers nains, des bananiers et des plantes orientales odoriférantes, laissent incliner doucement leurs feuilles vers l'onde qui les arrose. Oui! l'illusion est complète : c'est bien là cette poésie suave qui élève le cœur, fortifie l'âme, et dont l'influence bienfaisante s'est répandue avec tant de fruit dans le monde; c'est bien là ce refuge verdoyant qui tempère les ardeurs de l'atmosphère, cette eau lustrale qui guérit les infirmités humaines et purifie le cœur. La fontaine est taillée dans le style grec : elle est en stuc blanc, un amour gracieux tient à la main une flèche, d'où jaillit l'eau. Sur la droite se trouve un premier salon. De riches coussins, luxueusement placés sur des canapés multicolores, semblent inviter les visiteurs à goûter un instant de repos. La somptuosité des peuples de l'Orient n'a rien de recherché. Rien dans cette ornementation si riche en nuances, si variée en dessins et en peinture, ne sent l'apprêt et l'affectation. Tout, au contraire, y porte en traits ineffaçables le cachet de la véritable grandeur. L'imagination y joue un grand rôle. Fécondée par un ciel sans nuages, inspirée du souvenir de son antique grandeur, cette nation privilégiée laisse errer à son gré sa pensée dans la sphère des fictions, dans le domaine de la féerie.

Un second salon, merveilleusement beau, succède au premier. Tout ce qui peut flatter, séduire, entraîner, s'y trouve réuni. Les tissus de soie et d'or, dont Tunis possède le secret, la peinture, la sculpture, ont prodigué leurs splendeurs dans ce chef-d'œuvre du luxe. D'épais tapis, aux vives couleurs, couvrent le sol ; des sofas, revêtus de riches couvertures, entourent l'appartement ; un ciel sculpté et découpé au ciseau, tout est réuni pour plaire. Le bien-être se dévoile sous les aspects les plus séduisants. Les rideaux aux teintes foncées laissent arriver un jour moins éblouissant et donnent à cet admirable séjour un air de mystère et de poésie qui captive.

Au milieu de ce salon, sur de petites tables artistement façonnées, sont placées des cassolettes à parfums, destinées à brûler l'encens et l'aloès ; des narguillés, d'où la fumée sort douce et embaumée ; des aiguières qui contiennent le café si vivifiant dans les pays chauds, et parmi les objets remarquables par leur travail et leur fini, se trouve un bahut d'ébène, incrusté de nacre, et dont la facture annonce un degré éminent dans l'industrie tunisienne.

Dans une salle, située près de ce salon, une toile peinte formant panneau représente le bey. Mehemet-Sadeck est à cheval, en uniforme de général. Le grand cordon de son ordre est à demi voilé par celui de la Légion d'honneur. Son Altesse est accompagnée de deux de ses officiers. Tous les visiteurs de ce charmant pavillon sont frappés, à juste titre, de la physionomie élevée du bey, de son visage bienveillant, où respire l'amour du bien.

En revenant sur la gauche, un petit escalier tournant conduit à l'un des belvédères.

Près de cet escalier, se trouve une salle où sont exposées des armes de toutes sortes. Cet intéressant musée permet de suivre pas à pas le progrès de Tunis dans la fabrication des armes.

Enfin, nous nous arrachons avec peine de ce charmant Éden, remplis d'admiration pour tant de grandeur, de richesses et de génie, et nous nous inclinons devant cet esprit de libéralisme et de progrès, qui fait les grands peuples.

L'un des plus grands éléments de progrès pour un peuple, est l'instruction. Son Altesse, Méhémet-Sadeck, qui est assis aujourd'hui sur le trône de Tunis, a compris l'importance de cette vérité. Il a senti que c'était en développant les facultés intellectuelles du peuple, en lui donnant les premières notions du travail et de l'étude, en lui inculquant l'amour de la gloire, en lui rappelant le souvenir de ses ancêtres, en lui mettant devant les yeux le spectacle grandiose de la fortune de Carthage, sa mère, qu'il parviendrait à le rendre puissant et riche. Aussi, dans le courant de l'année 1860, un décret sorti du palais du bey, et signé de Méhémet-Sadeck, accordait à la nation tunisienne une constitution des plus libérales.

L'instruction, favorisée, prenait une extension favorable et préparait, par des études continuelles, la destinée de ce peuple intelligent. De nombreux ouvriers, dirigés par des hommes éminents, opéraient des fouilles aux environs de Tunis et redemandaient à la terre les dépouilles et les antiques trésors de Carthage. Porto-Farina ouvrait son sein sous les efforts de cohortes zélées pour l'étude, et couronnait leurs efforts. Des statues de grand prix, des bas-reliefs curieux, et, ce qui est plus précieux encore, des inscriptions puniques, sortaient de la terre où ils étaient ensevelis depuis des siècles, et revenaient au jour. L'histoire de Carthage, ses luttes, sa chute, tout son passé et sa gloire se dévoilaient : des citernes, des aqueducs, destinés autrefois à alimenter la grande ville, étaient découverts et rendus à l'admiration du monde, et certes, l'une des gloires les plus précieuses du souverain éclairé qui règne aujourd'hui sur Tunis sera d'avoir fait faire un grand pas à l'histoire de Carthage, et la postérité, qui juge avec impartialité, saura lui en rendre hommage.

POISSY. — IMP. DE A. BOURET

www.ingramcontent.com/pod-product-compliance
Lightning Source LLC
LaVergne TN
LVHW010220230826
846091LV00008BB/3603

* 9 7 8 2 0 1 1 9 4 0 8 9 6 *